La véritable hi
Marchand de Sable

Texte de Marie-Anne Boucher
Illustré par Rémi Hamoir

*Pour Baptiste,
que le marchand de sable
avait tout simplement oublié
pendant trois ans !*

« Allez vite vous coucher, le marchand de sable va passer.
– On s'en fiche du marchand de sable, s'écrie Serpolet,
il est laid et on ne sait pas qui c'est !
– Eh bien, je vais vous le dire : le marchand de sable, c'est moi !
– C'est même pas vrai, c'est même pas vrai ! chantent
en chœur Sansonnet et Sonneur.
– Explique-nous, demande Scoubidou.
– C'est une trop longue histoire…
et il est très tard…
– Raconte-la quand même ! » réclament
d'une seule voix les 1 250 souriceaux.

Quelques minutes plus tard, Papa Souris, au milieu de tous ses petits, commence son récit :
« Quand vous n'étiez encore que de tout petits souricets et souricettes, vous aviez beaucoup de mal à vous endormir.

Il y en avait toujours parmi vous
qui empêchaient les autres
de se reposer : Samba et Sirtaki
dansaient toute la nuit,

Soliste était triste,
Salade était malade
et vomissait avec Sirop,
qui toussait trop,

Super-Shoot jouait au foot…

Ça ne pouvait pas durer ainsi. Votre maman était épuisée.

Alors je suis allé voir Restachou le Hibou, qui a réponse à tout.
Après avoir farfouillé dans son atelier, il m'a tendu
un petit sac rempli d'un sable si fin
qu'il ressemblait à de
la poussière d'étoile.

« Voilà de quoi envoyer tes petits au pays des songes !
me dit-il. Quand ils seront couchés, tu en jetteras une pincée
au-dessus de leurs têtes en prononçant la formule suivante :

Endormi, Flagada,
Ch'mise de nuit, pyjama,
Zut, crotte, et saperlotte,
En avant la ronflotte !

Tu verras, ça marche à tous les coups.
Je me suis exercé autrefois sur Pleurnichotte la Marmotte
Et je dois dire que ça a même trop bien marché ! »

Avant que je ne le quitte, Restachou m'a prévenu :
« Quand les petiots feront leur toilette, veille à ce qu'ils se frottent bien la frimousse parce que le matin, il reste toujours quelques grains de sable au coin des yeux. »

J'étais tellement pressé d'essayer la formule magique que les mots se brouillaient dans ma tête et que je disais tout à l'envers :

Endorma, Flagadi,
Pyjama plein d'pipi,
Ch'mise de nuit ronflera,
Zot, crutte et saperla !

Heureusement, le soir même, je ne me suis pas mélangé les moustaches, et, pour la première fois, nous avons tous parfaitement dormi !

Mais très vite la nouvelle s'est répandue, et les gens se sont mis à raconter que dans une lointaine forêt, bien au-delà des mers et des montagnes, existait un Papa Souris qui avait des dons d'endormeur.

Bientôt des lettres ont afflué de tous les coins du monde. Écritro le Corbeau n'arrivait plus à les distribuer.

« Nous avons besoin de vous ! » écrivaient des parents exténués.

Puis les gens se sont déplacés et sont arrivés par dizaines devant la maison : ils agitaient des banderoles et criaient :
« **AS-SEZ DE TINTOUIN, AU-LIT LES GAMINS !** »

Cela faisait un tel tintamarre que plus aucun des habitants de la forêt ne pouvait trouver le sommeil. Il me fallut revoir Restachou le Hibou.

« Je crois que tu as une mission à remplir, Papa Souris, tu seras marchand de sable. Je te fournirai la poussière d'étoile et toi sur un nuage aussi transparent que la rosée du matin, tu survoleras le monde pour endormir tous les petits sacripants qui refusent de fermer l'œil. »

Et c'est ainsi que l'aventure a commencé. Depuis cette époque, je tourne autour de la Terre, toujours dans le même sens, en suivant le Soleil.

Je mets sur mes épaules
une couverture de laine
tricotée par votre maman,

j'emporte une pile de crêpes
au fromage faites
par Pleurnichotte la Marmotte,

et, pour me distraire, je cherche dans le ciel des cheveux d'ange
pour la collection de perruques
de Poilentreau le Blaireau.

Je remplis ma mission
avec beaucoup de joie
et tous les parents
sont ravis.

Pour me remercier et me permettre
de vous nourrir, ils jettent des pièces
de monnaie dans les fontaines
en disant que ça porte bonheur.
C'est une façon très amusante
de me payer !

Avec mon épuisette, j'ai l'impression de pêcher de beaux poissons ronds en or et en argent.

Évidemment, les enfants ne sont pas du même avis, car ils ne veulent jamais aller se coucher, même quand il y a école le lendemain matin.

Parfois, j'ai affaire
à des récalcitrants.
Certains plaquent leurs petites mains
devant leurs yeux…
Ceux-là sont très faciles à convaincre,
il suffit que je dise « Coucou ! ».
Pour voir qui a parlé,
ils écartent leurs doigts et hop !
le marchand de sable est passé !

D'autres sont plus rusés, comme Jacques et Louis, deux frères jumeaux que l'on surnomme Macaque et Ouistiti parce qu'ils sont malins comme des singes. Ils avaient pris l'habitude de se coucher avec des lunettes de piscine et j'avais beau faire, pas un grain de sable ne pouvait atteindre leurs yeux. Ils en profitaient pour se relever, se bagarrer à coups d'oreiller, sauter sur leur lit, et ils s'endormaient à trois heures du matin.

J'ai donc été obligé de leur tendre un piège : j'ai enlevé les verres de leurs lunettes et, comme ils attendaient d'être dans le noir pour les mettre, ils ne s'en sont même pas rendu compte.
Bien sûr, ils en ont pris plein les mirettes, et le tour était joué !

J'ai connu aussi une petite fille
qui avait eu un gros chagrin.
Comme elle pleurait toute la nuit,
dès qu'un grain de sable entrait
dans ses yeux, il était immédiatement
refoulé par les larmes.
J'ai dû faire preuve
de beaucoup de patience avant
qu'elle ne m'ouvre son cœur.
Alors, en suivant les conseils de Constructor le Castor,
j'ai réussi à recoller tous les morceaux
de ce pauvre cœur brisé.

Ce soir-là, ma petite solitaire s'est endormie en souriant, ce qui ne lui était pas arrivé depuis longtemps.

Voilà, vous savez tout. À présent, au dodo ! »
Et Papa Souris, après avoir lancé une bonne pincée de sable
sur ses souriceaux, s'en va sur la pointe des pattes en fredonnant :
« Un, deux, trois, Endormi, Endorma !... »
Ce ne sont pas les vraies paroles de la formule magique,
mais cela n'a aucune importance car tous ses petits dorment
déjà depuis longtemps.

Les petits Gautier

1.
Il y a une maison dans ma maman
Giles Andreae, Vanessa Cabban

2.
Le Géant aux oiseaux
Ghislaine Biondi, Rébecca Dautremer

3.
Je t'aimerai toujours quoi qu'il arrive
Debi Gliori

4.
Philipok
Léon Tolstoï, Gennady Spirin

5.
Fleur d'eau
Marcelino Truong

6.
Qui a du temps pour Petit-Ours ?
Ursel Scheffler, Ulises Wensell

7.
Une lettre pour Lily la licorne
Christian Ponchon, Rébecca Dautremer

8.
La véritable histoire
de la Petite Souris
Marie-Anne Boucher, Rémi Hamoir

9.
La véritable histoire
du Marchand de Sable
Marie-Anne Boucher, Rémi Hamoir

10.
Cache-Lune
Éric Puybaret

11.
Marabout et bout de sorcière
Véronique Massenot, Muriel Kerba

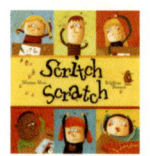

12.
Scritch scratch
Miriam Moss, Delphine Durand

© 1996, Hachette Livre / Gautier-Languereau pour la première édition.
© 2007, Hachette Livre / Gautier-Languereau pour la présente édition.
ISBN : 978-2-0139-1334-8 – édition 06 – Dépôt légal : mars 2011.
Loi n° 49-956 du 16 juillet 1949 sur les publications destinées à la jeunesse.
Imprimé par Estella Graficas en Espagne.